पिया का अनुभव

Tween से Teen की गाइड

प्रणवी बजाज

BlueRose ONE.com
Stories Matter

BLUEROSE PUBLISHERS

India | U.K.

Copyright © Pranvy Bajaj 2023

All rights reserved by author. No part of this publication may be reproduced, store
a retrieval system or transmitted in any form or by any means, electronic, mechani
photocopying, recording or otherwise, without the prior permission of the autho
Although every precaution has been taken to verify the accuracy of the informati
contained herein, the publisher assume no responsibility for any errors or omissi
No liability is assumed for damages that may result from the use of information
contained within.

BlueRose Publishers takes no responsibility for any damages, losses, or liabilities
may arise from the use or misuse of the information, products, or services provide
this publication.

For permissions requests or inquiries regarding this publication,
please contact:

BLUEROSE PUBLISHERS

www.BlueRoseONE.com
info@bluerosepublishers.com
+91 8882 898 898
+4407342408967

ISBN: 978-93-5819-228-5

Cover design: Pranvy Bajaj
Typesetting: Pooja Sharma

First Edition: August 2023

अनुक्रमणिका

ा की उम्मीद की किरण..1

ा के रसोई का सफर...13

ा और पीरियड फेयरी..23

ा की सुरक्षा की कला..37

पिया की उम्मीद की किरण

पिया आज स्कूल द्वारा किए जा रहे अतिरिक्त शोर से बिलकुल खुश नहीं थी। उसे कुछ शांति की आवश्यकता थी क्योंकि वह कुछ चिड़चिड़ा महसूस कर रही थी।

यह उस तरह का दिन था जो एकांत और शांति चाह रहा था क्योंकि हर किसी के देखने, आनंद लेने और मंत्रमुग्ध होने के लिए बहुत कुछ था।

आकाश का रंग आदर्श नीला था। हालांकि सबसे शांत बादलों के पीछे छिपकर, सूरज भी दिखाई दे रहा था।

स्कूल के मैदान में पंछी अपनी भाषा में एक दूसरे से बातें कर रहे थे। और स्कूल के सभी बच्चे भी। पर पिया नाराज थी।

इसके बाद प्रिंसिपल मंच पर चढ़े और तब शोर काम हो गया। सीधे होकर पिया ने आगे की ओर देखा।

प्रिंसिपल ने अन्य बातों के अलावा घोषणा की कि, "मिस प्रीति स्कूल में एक संक्षिप्त, सूचनात्मक सैर पर जाने के लिए अब तक के सर्वश्रेष्ठ शैक्षणिक प्रदर्शन और व्यवहार रिकॉर्ड के साथ कक्षा का चयन करेगी"।

पिया का चेहरा खिल उठा! उसे सैर पर जाना पसंद था क्योंकि वे उसे बिना किसी किताब से परामर्श किए अध्ययन करने का मौका देते है ।

रोज सुबह भनभनाहट से स्कूल का कॉरिडोर खिला रहता था, सभी कक्षा के बच्चे इस उम्मीद में थे की शायद हमें मिस प्रीति चुन लें।

दोपहर होने पर मिस प्रीति कॉरिडोर में दाखिल हुईं।

एक अजीब सी शांति छा गई।

वह फ़िर पिया की कक्षा में आयीं। हर कोई बहुत खुश था।

प्रवेश करते ही उन्होंने बोला कि वह मानसिक स्वास्थ्य पर एक विशेष पाठ पढ़ाएंगी।

जबकि पिया और उसके दोस्त
महत्वपूर्ण विषय के बारे में अधि
जानने के लिए उत्सुक थे, लेकि
वह अनिश्चित थी कि क्या उम्मीद
जाए।

वह मुस्कुराई और बोली, "क्या हम सब टहलने चलें?"

क्लास मॉनिटर, पिया को यह सुनिश्चित करना था कि सभी एक एक लाइन में चलें।

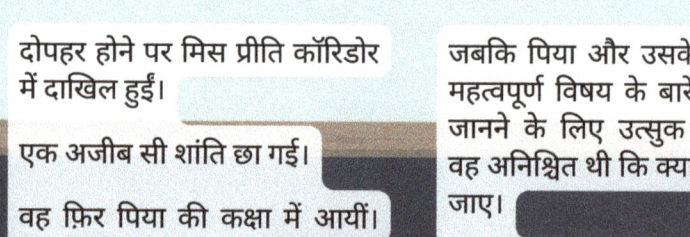

वे सभी मिस प्रीति के पीछे स्कूल के खेल के मैदान तक गए, जहाँ सूरज चमक रहा था और गर्मी थी।

पिया की गर्दन के पिछले हिस्से को हवा का झोंका छू रहा था। उसके चारों तरफ के पौधे भी खुश नज़र आ रहे थे!

मौसम की सराहना करते हुए, सब बहुत खुश थे। आसपास, स्कूल के माली यह सुनिश्चित करने के लिए अथक परिश्रम कर रहे थे कि उनके पास पेड़ और पौधों के लिए पर्याप्त पानी और बढ़ने के लिए सही मिट्टी हो।

बहुत शांति थी। "सब ठीक है," मिस प्रीति ने कहा। आज मैं आपके साथ मानसिक स्वास्थ्य पर चर्चा करना चाहती हूँ ।

पिया को पहले शब्द सुनकर याद आया-वह जानती थी कि यह दिमाग के स्वास्थ्य को संदर्भित करता है। हालाँकि, उसने इसके बारे में इतनी चर्चा नहीं सुनी थी।

क्या यह हमारे शारीरिक स्वास्थ्य जैसा है? उसने हाथ उठाकर सवाल किया।

बेशक, मिस प्रीति ने उत्तर दिया, "वास्तव में, यह उतना ही महत्वपूर्ण है जितना कि हमारा शारीरिक स्वास्थ्य! आपका मन आपके शरीर का एक महत्वपूर्ण हिस्सा है, और कई परिस्थितियों में, यह प्रभावित करता है कि आप शारीरिक रूप से कैसा महसूस करते हैं।

"इसीलिए हमारी अनुभूति और भावनाओं के बारे में बात करना महत्वपूर्ण है, और अगर हम तनावग्रस्त या निराश महसूस कर रहे हैं तो मदद मांगें।"

पिया ने पूरा ध्यान दिया, लेकिन उसके मन में अभी भी कुछ सवाल था। उसने सवाल किया, "मिस प्रीति, हमारी अनुभूति और भावनाओं के बारे में बात करना क्यों महत्वपूर्ण है?"

हमारी अनुभूति और भावनाओं पर चर्चा करना महत्वपूर्ण है क्योंकि हम जो हैं उसमें वे महत्वपूर्ण भूमिका निभाते हैं, मिस प्रीति ने मुस्कराते हुए कहा।

हमें अपनी अनुभूति और भावनाओं के बारे में बात करके अपने दिमाग की देखभाल करने की आवश्यकता है, ठीक उसी तरह जैसे हम पौष्टिक भोजन खाकर और व्यायाम करके अपने शरीर की देखभाल करते हैं। हालांकि यह चुनौतीपूर्ण हो सकता है, लेकिन वर्जनाओं को तोड़ना और संवाद शुरू करना महत्वपूर्ण है।

पिया ने मिस प्रीति की बात से सहमति में सिर हिलाया। उसने इस बात पर विचार किया कि कैसे वह कभी-कभी भयभीत या उदास महसूस करती थी और अपने माता-पिता या दोस्तों से इस बारे में बात करना कैसे मददगार रहा।

फिर, मिस प्रीति ने उन्हें अपने आस-पास के विभिन्न पौधों और फूलों को दिखाना शुरू किया और बताया कि बागवान उनकी देखभाल कैसे करते हैं।

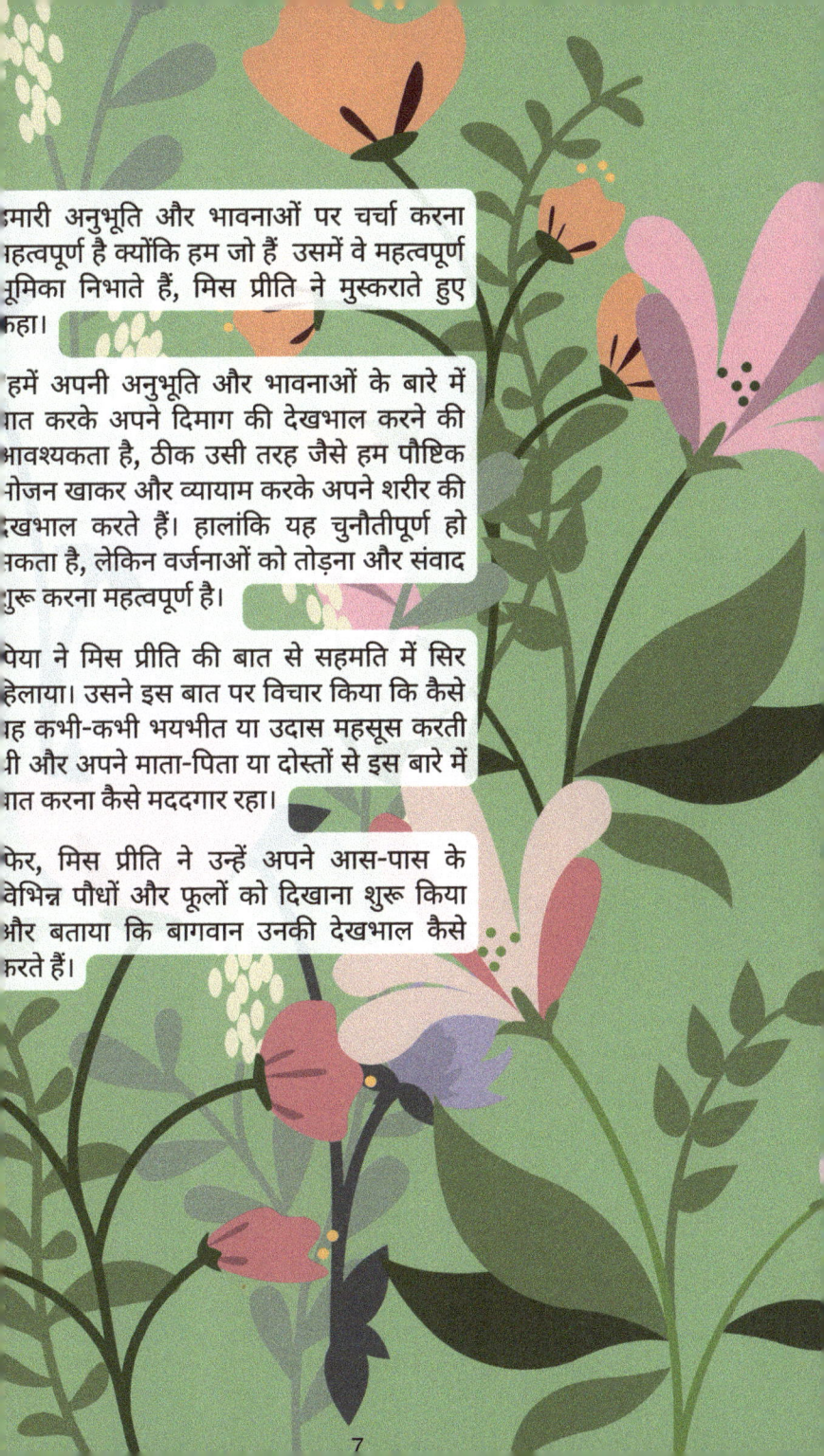

मिस प्रीति ने कहा, "हमें अपने शारीरिक और मानसिक स्वास्थ्य का ध्यान रखते हुए अपने शरीर और दिमाग की देखभाल करने की आवश्यकता है, ठीक उसी तरह जैसे बागवान पौधों और फूलों को पानी और धूप देकर उनकी देखभाल करते हैं।"

इसका मतलब है, "कि हमें अपने दिमाग की बागों की तरह देखभाल करना सीखना चाहिए, और खुद को का ध्यान रखने से नहीं डरना चाहिए।"

मिस प्रीति ने खेल के मैदान के कई स्थानों की ओर इशारा किया जिनका उद्देश्य बच्चों को टहलते समय उनके मानसिक स्वास्थ्य की देखभाल करने में सहायता करना था।

प्रतिबिंब और विश्राम के लिए एक शांत क्षेत्र, व्यायाम के लिए एक झूला सेट और जीवंत पौधों और फूलों के साथ एक संवेदी स्विंग सेट था।

पिया इस बात से चकित थी कि स्कूल छात्रों को उनके मानसिक स्वास्थ्य का ख्याल रखने में विभिन्न तरीकों से मदद कर रहा था क्योंकि उन्होंने इसे पहले कभी नहीं देखा था।

वह मिस प्रीति जैसी शिक्षिका को पाकर खुश थी जो अपने छात्रों के सीखने और विकास को बढ़ावा देने के लिए प्रतिबद्ध थी।

टहलने के बाद, मिस प्रीति ने कक्षा में एक चर्चा के द्वारा छात्रों को बताया की कैसे अपने मानसिक स्वास्थ्य की देखभाल कर सकते हैं।

पिया ने उल्लेख किया कि जब वह भयभीत या उदास महसूस करती थी तो उसे अपनी भावनाओं को व्यक्त करने के तरीके के रूप में रंगने और चित्र बनाने में मज़ा आता था।

रोहन ने अपना हाथ उठाया और कहा कि जब वह अभिभूत महसूस करता है तो उसे खेल खेलना और खेल के मैदान में दौड़ना पसंद है।

एक अन्य सहपाठी, तान्या ने कहा कि जब वह उदास महसूस करती है तो तो वह अपने माता-पिता या किसी भरोसेमंद वयस्क से बात करना पसंद करती है।

पिया ने सुंदर फूलों और पौधों को देखा और विचार किया कि कैसे प्रत्येक की विशेष आवश्यकताएं हैं।

उसने महसूस किया कि पौधों की तरह ही, जब उनके मानसिक स्वास्थ्य की बात आती है तो उसकी और उसके दोस्तों की अलग-अलग ज़रूरतें होती हैं।

मिस प्रीति ने सभी विद्यार्थियों को ऐसी चीजें चुनने के लिए प्रोत्साहित किया जिससे उनके विचारों को सुनने के बाद उन्हें संतुष्टि और प्रसन्नता का अनुभव हो।

उन्होंने जरूरत पड़ने पर उनसे मदद मांगने पर भी जोर दिया।

जब कक्षा में वापस जाने का समय आया, तो पिया खुश और सशक्त महसूस करते हुए वापस चली गई। वह समझ सकती थी कि उसके सभी सहपाठी ऐसा ही महसूस करते थे। उसने जान लिया था कि मानसिक स्वास्थ्य उसके समग्र कल्याण का एक महत्वपूर्ण हिस्सा था, और उसने फैसला किया कि वह अपने मानसिक स्वास्थ्य की देखभाल जारी रखने में पीछे नहीं हटेगी!

वह अब चिड़चिड़ी नहीं थी और मुस्करा रही थी, वह आगे आने वाली सभी चुनौतियों के लिए तैयार थी।

पिया के रसोई
का सफर

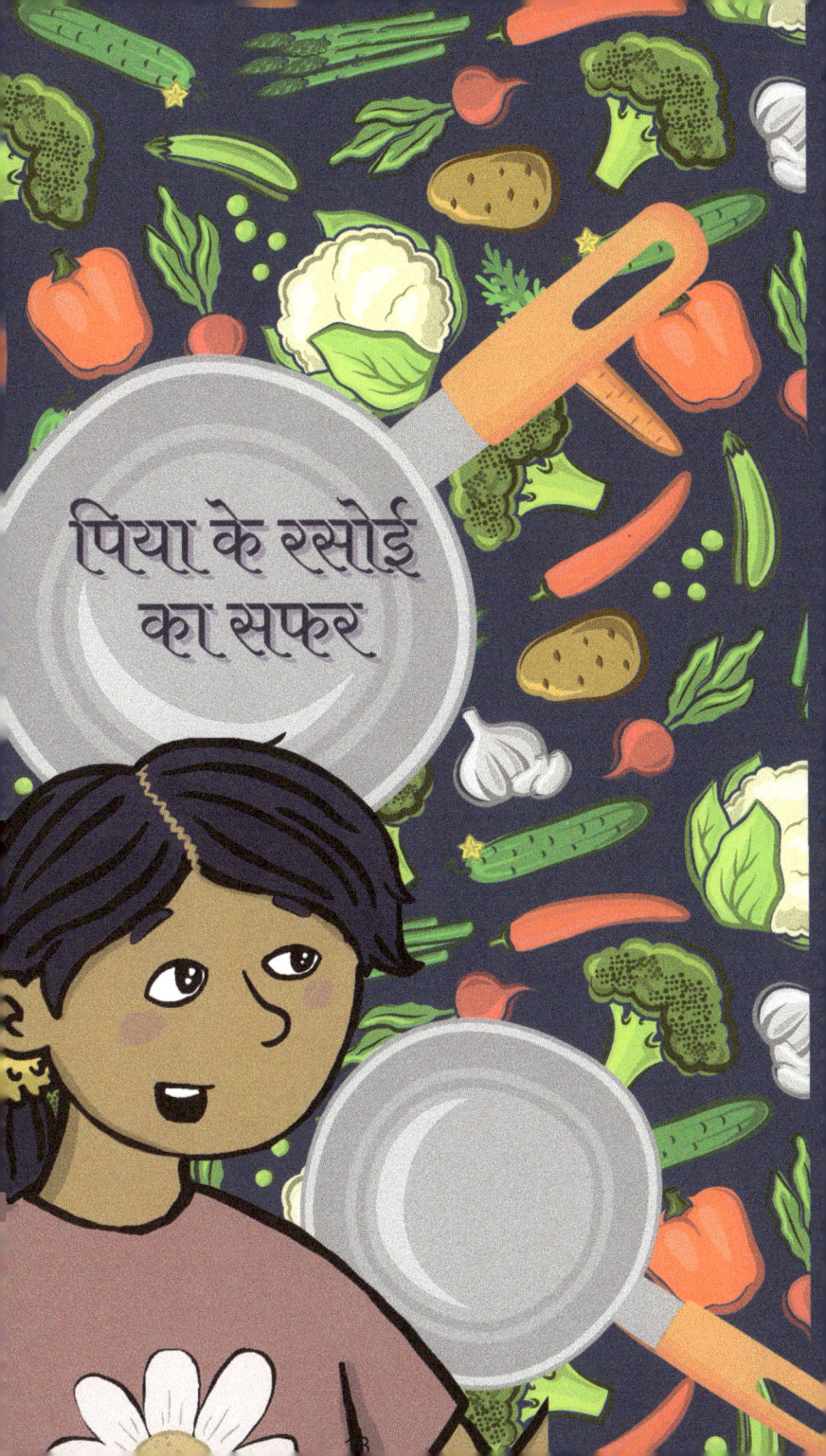

पिया की सर्दियों की शामें हमेशा माँ के साथ गपशप और पकोड़े की महक से भरी रहती थीं। उसकी माँ जब सब्जियोंको बेसन और मसाले में मिलाकर पकोड़े बनाती थी तब चूड़ियों की झनझनाहट की आवाज़ भी उन शामों का हिस्सा बन जाती थी।

कड़ाही में तेल के बुदबुदाहट की आवाज से रसोई जीवंत लग रही थी क्योंकि सब्जियां एक कुरकुरी बनावट में पक रही थी।

पिया ने अपने पीछे किसी को आते हुए महसूस किया, जब उसने देखा कि उसकी माँ तले हुए व्यंजनों की एक अद्भुत ट्रे तैयार कर रही है। पीछे मुड़कर, उसने देखा तो वह उसके दादा थे।

डॉक्टर ने उन्हें तला हुआ खाना खाने से मना कि था, तब पकोड़ो को देख कर स्वाभाविक रूप से पकौड़े खाने की तीव्र इच्छा हुई, एक ऐसा खाना उन्हें खाने की इजाज़त नहीं थी। पिया को पता था जब उसकी माँ नहीं देख रही होगी तो वह कुछ प चुरा लेंगे।

पिया ने अपनी थाली में पकौड़े रखे, कोला की एक बड़ी बोतल ली और अपने कमरे की ओर दौड़ पड़ी, उसे राहत थी कि उसे कम से कम कुछ और दशकों तक किसी भी आहार प्रतिबंध का पालन नहीं करना पड़ेगा।

"बेटा, कृपया इतनी मात्रा में मत खाओ, और तुम्हारी कोल्ड ड्रिंक पिने की आदत तुम्हें बड़ी बड़ी मुसीबत में डालने वाली है," उसकी माँ यह बोलते हुए उसके पीछे से चिल्लाई।

उम्मीद के मुताबिक पिया ने उनके अनुरोध की अवहेलना की और कोल्ड ड्रिंक की चुस्की लेते हुए जल्दी से पूरे ट्रे के पकौड़े खा लिए।

उसने सोचा, "काश मुझे उस सादे दूध के बदले कोला का फव्वारा मिल पाता जो मम्मा मुझे देती हैं।"

उसे इस बात का अंदाजा नहीं था कि एक दो घंटे में वह अपने सोच को बदल देगी।

पिया ने अपनी पसंदीदा खिड़की के बगल में बैठकर नमकीन चिप्स का एक पैकेट खाते हुए एक खूबसूरत रात में पूर्णिमा की चमकते के चाँद की चमक देख रही थी। क्या यह दुनिया का सबसे सुखद अहसास नहीं था? वह वहीं रुकी रही, खाते हुए रुक गयी, जब उसने अचानक एक अजीबोगरीब गुर्राहट की आवाज सुनी।

यह आवाज़ कहा से आ रही है पिया सोचे लगी?

यह देखने के लिए चारों ओर देख रही थी कि क्या उसका नया पालतू कुत्ता चिको उसके कमरे में आया है?

जब उसे अचानक अपने पेट में एक अजीब सा दबाव महसूस हुआ तो वह समझ गई कि यह आवाज़ उसके भीतर से आ रही है।

इससे पहले कि वह जानती कि यह क्या है, वह बीमार महसूस कर रही थी। उसने चिप्स खाना रोक दिया और अचानक बीमार महसूस करने लगी।

"ओह, माँ सही थीं। मैंने आज ज्यादा जंक फूड खा लिया है।"

वह अपनी मां को जगाने से डरती थी और सोचती थी कि एक मात्र व्यक्ति जो उसे समझ सकता है, वह उसके नानू थे।

वह अपना पेट पकड़ते हुए नीचे अपने कमरे में चली गई और चिप्स के बैग को फेंक दिया जो उसने केवल आधा ही खाया था।

"नानू! नानू , क्या आप जाग रहे हो,?
छोटी पिया बड़बड़ाई, उसे बुरा लगा कि वह कितनी गैर जिम्मेदार थी। "हाँ, मैं यहाँ हूँ, पिया, मेरी छोटी राजकुमारी! क्या हुआ बेटा?"
जब नानू ने देखा तो उनकी पोती स्पष्ट रूप से परेशान थी और कांपते हुए अपने पेट को पकड़ रही थी। "क्या मैं आपसे एक सवाल पूछ सकती हूँ? क्या आप वादा करेंगे की आप मम्मी को नहीं बताएंगे?
ठीक है, मुझे पहले बताओ क्या हुआ है। अगर मुझे लगता है कि यह ठीक है, तो मैं आपकी मां को नहीं बताऊंगा ।
"मैंने पकोड़े और फ्राई बहुत खा लिए हैं! मम्मा ने मुझे माना किया था खाने से, इसलिए मुझे मम्मी को बताने से डर लग रहा है ।
क्या आप बीमार महसूस कर रही हो, बेटा?
हां, नानू, मुझे कभी समझ नहीं आया कि आपके डॉक्टर ने आपको इन चीजों को खाने से मना क्यों किया, लेकिन अब मुझे लगता है कि मुझे मम्मा की बात माननी चाहिए।

उसके दादाजी बताने लगे की, "तुम सही हो, पिया, और मुझे खुशी है कि तुम मेरे पास आई।" जबमैं जवान था तब तुम्हारी नानीके साथ मिलकर तुम्हारी मम्मी के लिए बहुत प्रकार के व्यंजन बनया करता था जब वो छोटी बच्ची थी।

उन्होंने पिया को एक पुरानी-सी डायरी दी, जो उन्होंने ने ड्रावर से निकाली थी।

"यह हमारे पारिवारिक व्यंजनों की इस रेसिपी की किताब है जो हमने साथ मिलकर लिखी है। मैं इसे तुम्हे दे रहा हूँ ताकि तुम अपनी माँ द्वारा खाए जाने वाले पौष्टिक भोजन को बनाना सीखना शुरू कर सको ! बेटा, तुम एक स्मार्ट छोटी कुक हो और तुम मुझसे बेहतर जानती हो। तुम हमारे पारिवारिक व्यंजनों को आगे बढ़ाने के लिए इस पुस्तक का उपयोग करो!"

"वाह नानू, इसमें इतने सारे व्यंजन हैं ?

मैं खाना बनाना सीखने में अपनी मां से मदद मांगने के लिए और इंतजार नहीं कर सकती ।

हालाँकि, पिया के पेट में अजीब सा दर्द होता रहा, इसलिए उसके दादाजी ने उसकी माँ को बुलाया। क्योंकि पिया खाना पकाने के बारे में और जानने के लिए इतनी उत्सुक थी, उसे अचानक मम्मा को कुछ भी बताने में डर नहीं लगा!

पिया, मुझे बहुत खुशी है कि तुम्हे ह एहसास हुआ की अधिक जंक ूड खाना हानिकारक हो सकता ... लेकिन स्वस्थ भोजन खाना भी तना ही आनंददायक हो सकता !"

गली सुबह, मम्मा ने पिया को यह सेखाने का फैसला किया कि स्वस्थ ोजन कैसे बनाया और खाया जाता । उसने इस अवधि को प्यार से एक ंस्कार के रूप में याद किया और पनी माँ के बारे में सोचा, जिन्होंने न्हें खाना बनाना सिखाया था ाकि वह अपने परिवार को अच्छी रह से रख सके।

हाँ, मम्मा, लेकिन मुझे सब्जियों से हुत नफ़रत हैं - वे बेहतर स्वाद क्यों हीं ला सकते?"

"बेटा, सब्जियां तैयार करने के बहुत सारे तरीके हैं ताकि आप उन्हें पसंद करें। इसके अलावा, सब्जियां विटामिन, खनिज और कार्ब्स का एक अच्छा स्रोत हैं, जो आपको एक शक्तिशाली लड़की के रूप में विकसित करने के लिए आवश्यक हैं।

मम्मा, ये क्या चीजें हैं?

"वे महत्वपूर्ण पोषक तत्वों के नाम हैं जिनकी हमारे शरीर को स्वस्थ रहने के लिए आवश्यकता होती है। आप चिकन और दाल को पसंद करते हैं, है ना? क्या आपको एहसास हुआ कि वे प्रोटीन युक्त खाद्य पदार्थ हैं? प्रोटीन समस्त शारीरिक स्वास्थ्य और मांसपेशियों की वृद्धि में मदद करते हैं।

लेकिन मम्मा, पकौड़े और चिप्स में कोई भी आवश्यक पोषक तत्व नहीं होता है जो हमें स्वस्थ रखता है? पिया ने हल्की सांस लेते हुए कहा ।

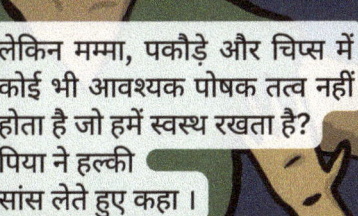

"देखो, बात यह है; जब भी आप किसी चीज़ को डीप फ्राई करते हैं या उसमें बहुत सारी चीनी मिलाते हैं, जैसे कि नानू की चॉकलेट में, तो आप अपने शरीर में जहरीले तत्वों का प्रवेश करते हैं।आपका मेटाबॉलिज्म धीमा हो सकता है और विभिन्न स्वास्थ्य समस्याएं हो सकती हैं।

हालांकि कभी-कभार इन चीजों का सेवन करना ठीक है, लेकिन हम हर समय ऐसा नहीं कर सकते।
मम्मा, मेटाबॉलिज्म क्या है?

"इंजन की तरह जो आपके पिता की कार को तेल पर चलती है, आपका उसी प्रकार मेटाबॉलिज्म है जो आपके शरीर में भोजन को पचाता है ।

खराब तेल का परिणाम खराब प्रदर्शन होता है! और जब आप बहुत अधिक प्रोसेस्ड, शक्करयुक्त और वसायुक्त खाद्य पदार्थों का सेवन करते हैं, तो आपका चयापचय धीमा हो जाता है।
"ओह ! मेरा शरीर सबसे शक्तिशाली इंजन होना चाहिए! मैं अपना सारा खाना खुद बनाना चाहती हूं और जंक फूड कभी नहीं खाना चाहती ।

"बेटा, तुम कभी-कभी चिप्स का आनंद ले सकती हो।"

आप एक बुद्धिमान बच्ची हो, और, आप अपना पौष्टिक नाश्ता खुद बनाना सिख जाएँगी !"

पिया ने दौड़कर अपनी माँ को गले लगाया और कहा, "हाँ, क्या आप वादा करेंगी किअगर मैं सही खाऊँगी तो मैं सबसे मजबूत बनूँगी?"
बेशक, मेरी नन्ही जान, तुम पहले से ही एक शक्तिशाली व्यक्ति हो।

बीमारी से उबरने के कुछ दिनों बाद पिया को लगा कि अब उसे जंक फूड की जरूरत नहीं है, भले ही वह कभी-कभी इसे पसंद करती थी।

जैसे ही उसने अपने नाना जी के उपहार को देखा, उसे चिकन सलाद के लिए एक सीधी रेसिपी मिली जिसे वह आसानी से समझ सकती थी। फिर वह अपनी माँ द्वारा दोपहर के भोजन के लिए बनाए गए भुने हुए चिकन के साथ-साथ कुछ सब्ज़ियाँ लेने के लिए रसोई में गई, जिससे उन्हें पहली बार चिकन सलाद बनाने का मौका मिला।

वाह, पिया, यह स्वादिष्ट और स्वास्थ्यवर्धक दोनों प्रतीत होता है। हमें तुम पर नाज़ है ।जब माँ ने अपनी बेटी को अपने स्वास्थ्य की देखभाल करते देखा, तो खुशी से उनकी आखें भर आई ।

पिया तुम्हे पता है, तुम मुझे मेरी पकौड़े की आदत छुड़ा दोगी! उसके बनाए हुए सलाद को चबाते हुए उसके नाना जी ने कहा। यह कितना स्वादिष्ट है!

सारी सामग्री इकट्ठी करके वह अपने आप पर प्रसन्न थी।

"नानाजी और माँ, देखो मैंने क्या बनाया!" उसने जल्दी से अपनी प्लेट टेबल पर रखी और लिविंग रूम में चली गई, जहाँ उसके नाना जी अपना पसंदीदा कार्टून टॉम एंड जेरी देख रहे थे, और उसकी माँ बैंगनी दुपट्टा बुन रही थी।

नाना जी की बात सुनकर पिया ज्यादा से ज़्यादा खाना बनाने के लिए एक्सपेरिमेंट करने को आतुर थी; स्वादिष्ट भोजन के विकल्प असीमित थे।

पिया और
पीरियड फेयरी

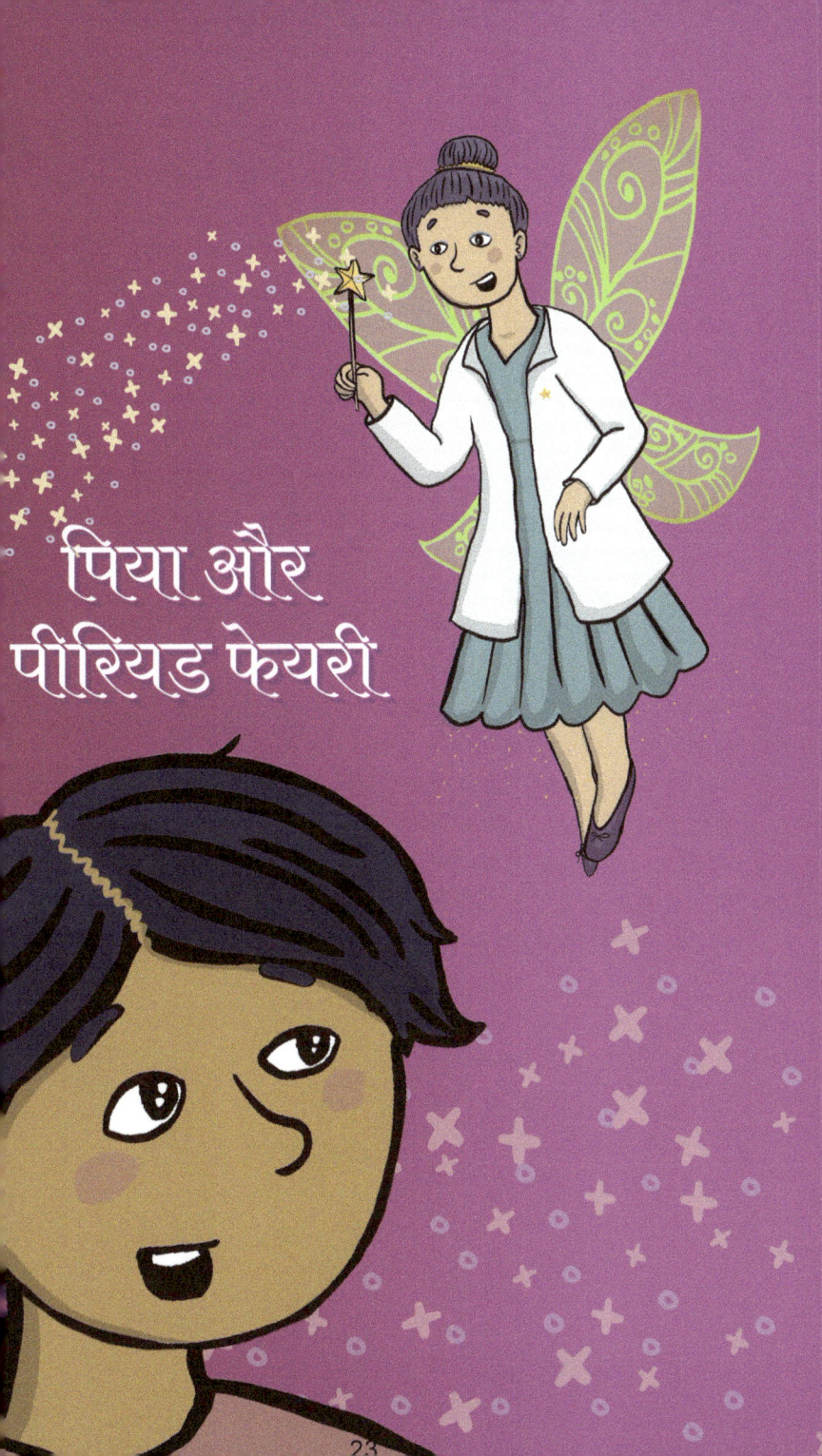

रात में बादल बिलकुल साफ़ थे, मानो दादी ने उसे अपनी साड़ी के किनारे से पोंछा हो, ठीक वैसे ही जैसे वों अपने चश्मे को साफ़ करतीं है। आसमान में एक साथ इतने सारे तारे चमक रहे थे जैसे छोटे बच्चे एक पार्क में झूलों की भीड़ लगाते हैं। मानो शहर की रोशनी उन तारों की नकल कर रही हो । यह उस तरह की जादूई रात थी जैसा माँ ने बताया था!"

वह अंदर घुसी और बिस्तर में लिपटी, वह वहीं बैठी रही, थपथपाती रही। ऐसा नहीं है कि वह सोना नहीं चाहती थी - गर्मी की छुट्टी का एक लंबा दिन था, और छुट्टियों के सभी होमवर्क ने उसे सुस्त बना दिया था।

दूसरी ओर, पिया आज रात की प्रशंसा नहीं कर पाई क्योंकि उसके पेट में दर्द हो रहा था। जब वह बिस्तर पर लेटी थी, उसने सोचा कि क्या उसे दादी की सलाह माननी चाहिए थी और और पास्ता का तीसरा प्लेट नहीं खाना चाहिए था? यह पिया को उस समय ये याद आ रहा था । क्या दादी ने सही कहा था, उसे समझ नहीं आ रहा था।

ोकिन उसका पेट दर्द हो रहा था।

सने कहा " माँ," । माँ ने दरवाजे
ो सर निकल कर बोला।

पिया, माँ ने धीरे से कहा" "तुम्हें
ता है कि दादा जी गहरी नींद में सो
हे हैं, तो तुम चिल्ला क्यों रही हो?"

वह हमेशा गहरी नींद में सोते है,"।

पेया बोली "मेरे पेट में दर्द हो रहा
!"मम्मी ने मुस्कुराते हुए कमरे में
वेश किया। वह पिया के बिस्तर के
ास बैठ गई। "हम्म," उन्होंने सोचा,
क्या यह ..."

"यह पास्ता का तीसरा कटोरा खाने
से तो नहीं है!" मम्मा हँसी,

"नहीं, उन्होंने पिया के पेट के नाभि
के ठीक नीचे हाथ रख कर पूछा
"मुझे बताओ की क्या यहाँ दर्द
महसूस हो रहा है "

पिया ने सिर हिलाते हुए कहा, " हाँ!"

माँ उसकी ओर देखकर मुस्कुराई
और बोली, "पिया, तुम्हे तुम्हारे पहले
पीरियड्स जल्द आ सकते हैं।

पिया का हाथ अपने हाथ में लेते हुए
कहा,

"तुम अब बड़ी हो रही हो!

पिया ने मम्मा को एकटक देखा।

"पीरियड्स क्या है?"

तो माँ ने बताना शुरू किया,

लेकिन उसी समय निचे किचन से जोरदार टक्कर की आवाज़ आई,

नीचे से दादाजी चिल्लाते हुए कहते हैं, " मेरे चॉकलेट!

तब मम्मा ने पिया से कहा, " मुझे बस एक मिनट दो बेटा,

ऐसा लगता है दादा जी, दोबारा

देर रात चोरी की योजना बना रहे हैं।"

मम्मा के बाहर जाते ही पिय खिलखिला उठी। कमरे में, औ एकटक हो कर देखने लगी - औ पिया सोचने लगी " पीरियड्स"।

क्या हो सकता है? क्या अचानव बड़ी मांसपेशियां विकसित हो गयी ह मुझ में ?

क्या यह हो सकता है कि तरबूज वे बीज खाने से वह मेरे पेट में बड़ा ह गया हो?

उसे याद नहीं आ रहा था वि आखिरी बार उसने गलती से तरबूज का बीज कब निगल लिया था?

लेकिन दादी उन्हें हमेश सावधानीपूर्वक निकाल देती थी और बढ़ने के लिए कुछ समय वे लेत हैं।

जहां मम्मा ने हाथ रखा था, वहां उसका पेट गर्म महसूस हो रहा था।

अब पिया का पेट दर्द कम हो गया था और उसे हलकी नींद भी आ रही थी... उसके पलंग के पास वाली खिड़की से हलकी सी टक टक आवाज़ आयी और उसकी नींद खुल गई।

पिया की आँखें खुली -क्या उसने यह सपना देखा था? नहीं, हालांकि, उसे बाहर कुछ नजर नहीं आया। वह उठ कर बैठ गयी और उसने ध्यान से सुना। उसे फिर से टक टक की आवाज़ आई ! पिया उठ खड़ी हुई और अपनी खिड़की खोलकर देखने लगी।

अचानक उसके कमरे में उजाला हो गया-ऐसा लगा जैसे चांद आ गया हो! प्रकाश से बचने के लिए पिया ने अपनी आँखें बंद कर लीं। जब उजाला कम हुआ, उसने देखा की वहाँ एक औरत खड़ी थी जो पिया के ऊंचाई के बराबर थी ,

जिसने डॉक्टर जैसे कोट पहने थे और उसके चमकीले पंख थे!

"कौन... तुम कौन हो?" पिया उसे देखकर काफी चौंक गयी थी क्योंकि वह बहुत सुन्दर थी। औरत मुस्कुराई, और उसने कहा “मैं पीरियड फैरी (परी) हूँ!

मुझे तुम जैसी छोटी लड़कियों से उनके पहले पीरियड्स आने से ठीक पहले मिलना अच्छा लगता है।

पिया उसे देखती रही। एक परी? क्या यह सच हो सकता है?

पीरियड फैरी(परी) हँसने लगी, मानो वह पिया के मनकी बात पढ़ रही हो। "हाँ बिल्कुल मैं असली हूँ! परी बोली चलो अब तुम बिस्तर में जाओ, हमें अभी बहुत कुछ सीखना है!" अभी भी पिया खौफ में थी, पिया फिर से बिस्तर में चली गयी।

पीरियड फैरी ने कहा "तो क्या तुम पता है तुम्हें तुम्हारे पहले पीरियड्‍ आने वाले हैं!

"तुम कैसा महसूस कर रही हो?"

"मिस पीरियड फैरी, मुझे ये नह पता की पीरियड्स क्या है ?

"सच में?" पीरियड्स फैरी ने पूछा ? "ठीक है, चलो मैं तुम्हे बताती पीरियड्स क्या होते है,

पिया से सिर हिलाकर बोला, “ठी है”

पीरियड फैरी ने बताया "मनुष्य के पास बहुत सारे अंग होते हैं," "जैसे दिल, लिवर, फेफड़े, पेट!" ....पिया बोली "सच में"।

"बिल्कुल," पीरियड फैरी ने कहा "बिल्कुल,"।

"लेकिन महिलाओं के पास कुछ विशेष, अंग होते है,"

पीरियड फैरी ने बताया, "इसमें अंडाशय (ovary) शामिल हैं - जो अण्डजनन प्रक्रिया के द्वारा अण्डे बनाते हैं ;

अंडवाहिनी (Fallopian Tube)- जिसकी सहायता से अण्डा गर्भाशय की ओर गमन करता है; और सबसे दिलचस्प है -गर्भाशय (Uterus)!"

परी ने अपनी उंगलियों से चुटकी बजायी और चुटकी बजाते ही दीवार पर सुंदर रेखाचित्र दिखाई दिया।

यह लगभग मम्मा के अलंकृत फूलदान जैसा दिख रहा था।

स्त्री प्रजनन तंत्र

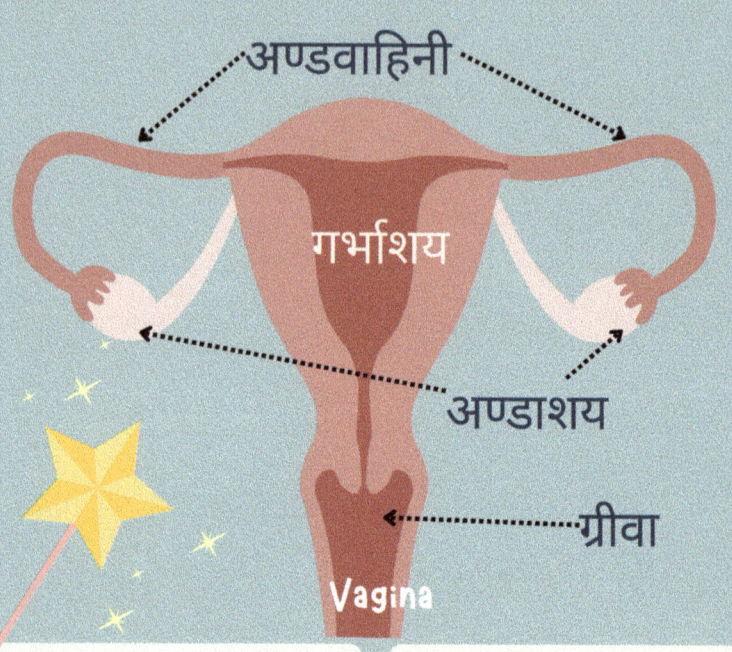

- अण्डवाहिनी
- गर्भाशय
- अण्डाशय
- ग्रीवा
- Vagina

"गर्भाशय यह त्वचा की कई परतों से बानी होती जो भीतरी अंगो को सुरक्षा प्रदान करती है। यह तब तक ऐसी रहती है, जब तक एक लड़की अपने युवा अवस्था में नहीं पहुँचती है,"

पीरियड फैरी चित्र के बीच में इशारा करते हुए कहा। यह वह अवस्था है जहा गर्भाशय में बदलाव आता है और एक लड़की एक औरत बनने की अवस्था में प्रवेश करती है! और एक महिला बनना शरीर के लिए कठिन काम हो सकता है!"

"सबसे पहले, गर्भाशय इसके परत को रखने कोशिश करता है, " और तुम्हें मूड स्विंग्स, थकान, चिड़चिड़ापन होता है जो तुम्हें बिस्तर से उठने नहीं देता। पिया ने सिर हिला कर कहा; उसे भी सुबह बिस्तर से उठने से नफरत हो रही थी। गर्भाशय इसके अंदर त्वचा को कई परतों से ढक लेती है। पीरियड फैरी ने बोलना जारी रखा.... शरीर स्थिर है, और एक लड़की अपने युवाअवस्था में तभी पहुंचेगी जब गर्भाशय में बदलाव ...

"अब अस्तर खुल गया है, इसे शरीर को छोड़ना होगा-और इसलिए, महीने में एक बार, एक महिला अपने निजी अंगों, अपनी योनी में इसे खून के रूप में बाहर निकालती है।"

इस प्रवेश द्वार को योनि के रूप में जाना जाता है।" "और ," पीरियड फेयरी ने समझाया, "मासिक धर्म या पीरियड्स के रूप में जाना जाता है!"

पिया ने सहमति में सिर हिलाया। और पूछा "क्या मुझे भी पीरियड्स में खून बहने वाला है?"

पीरियड फेयरी पिया के बगल में बैठ गई और उसका हाथ अपने हाथ में ले लिया और कहा " तुम अच्छी बच्ची हो," । लेकिन चिंता करने की कोई बात नहीं है! खून कोई भयानक चीज नहीं है; यह एक संकेत है कि हर महीने आपका शरीर पुनर्निर्माण कर रहा है!"

पिया मुस्कराई, "यह ऐसा लगता है कि मैं सुपरहीरो हूँ!"

"तुम हो!" अवध के दूत ने उच्चारित किया, "मानव शरीर एक अद्वितीय चीज़ है - यह अद्वितीय तरीके से खुद को फिर से बना सकता है, और माहवारी इसके कई उदाहरणों में से एक है।"

"लेकिन," पिया गड़बड़ा गई, "मैं कल रात डिनर के लिए अपनी पसंदीदा पैंट पहनने वाली थी। क्या मुझे उन पर खून लगाना पड़ेगा?"

पीरियडफेयरी मुस्कुराई और एक बार फिर अपनी उंगलियों को चटकाई।

दीवार पर तीन और चित्र दिखाई दिए, जो सभी पिया को देखकर मुस्कुरा रहे थे।

"मनुष्य बहुत आविष्कारशील हो सकता है, पिया," पैड, टैम्पोन और कप का परिचय दिया।

पियाने तीनो चित्रों की और हाथ हिलाया!

"ये कुछ बहुत ही उपयोगी उपकरण हैं जिनका उपयोग योनी पर या योनि में सुनिश्चित करने में उपयोग किया जा सकता है ताकि रक्त आपके किसी भी पसंदीदा कपड़े पर न लगे," पीरियड फेयरी ने समझाया," तुम्हे इसके बारें में अपनी माँ से पूछना चाहिए!"

"मम्मा... मम्मा!"

"पिया!"

"जागो, पिया!"

पिया ने अपनी आँखें खोलीं तो मम्मा को बिस्तर पर अपने पास बैठा पाया।

उन्होंने चिंतित होकर जवाब दिया "तुम मुझे बुला रही थी, बेटा," "क्या तुम ठीक हो?"

देर करने के लिए माफ़ करना; अपने बेडरूम में वापस ले जाते समय दादाजी ने चॉकलेट का पूरा
डबा गिरा दिया।"

"मिस पीरियड फेयरी कहाँ गई?" अपने बेडरूम में वह पीरियड फैरी को ढूढ़ने लगी।

"पीरियड फेयरी?" मम्मा ने हैरान होकर पूछा, "क्या तुम सपना देख रही थीं, पिया?"

पिया ने अपनी आँखों को खोल कर और चारों ओर देखा। दीवार पर न ही कोई चित्र थे, न ही कमरे में कोई तेज रोशनी थी। शायद वह सपना देख रही थी।

"मम्मा," उसने पूछा, "क्या आप मुझे पीरियड्स के बारे में और बताएंगी जब मैं कल उठूँगी?"

"बिल्कुल!"अच्छी तरह से सो जाओ, पिया," उन्होंने बालों को उसके चेहरे से दूर करते हुए कहा।

मम्मी के जाते ही पिया ने अपने कमरे में हल्की हवा देखी और खिड़की की तरफ देखा। उसे केवल एक दरार दिखाई दी।

पिया मुस्कुराई। उसके पेट में अब दर्द नहीं हो रहा था । सुपर हीरो बनने और रात के आसमान में उड़ने के बारे में कल्पना करते हुए, वह सो गई।

पिया की सुरक्षा की कला

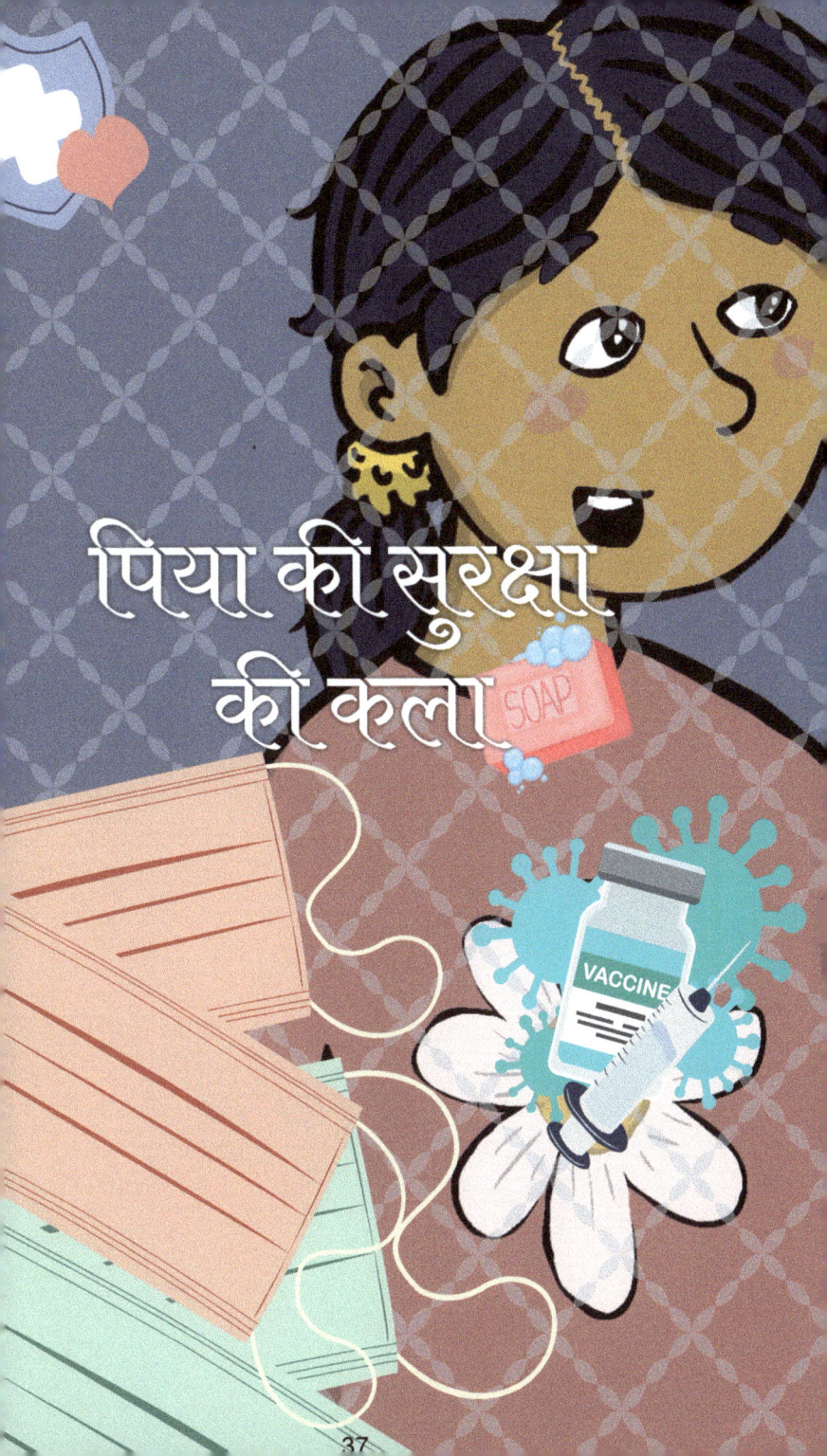

पिया, हमारे सार्वजनिक स्वास्थ्य संगोष्ठी के लिए क्या तुम तैयार हो ?," पिया की दोस्त गीतू ने उससे पूछा।

पिया ने सिर हिलाया और अपनी नोटबुक और पेन निकाला। वह बड़ी होकर डॉक्टर बनना चाहती थी। इसलिए, जब उन्हें पता चला कि सार्वजनिक स्वास्थ्य अधिकारी उनके स्कूल का दौरा कर रहे हैं और छात्रों के साथ एक सेमिनार आयोजित कर रहे हैं, तो वह बहुत खुश हुई, क्योंकि वह उनसे स्वास्थ्य के बारे में नई चीजें सीखने के लिए बेहद उत्साहित थी।

नोट्स तैयार करने के लिए अपनी सामग्री के साथ, पिया गीतू के साथ असेंबली हॉल में चली गई जहाँ सेमिनार होने वाला था।

एक अधिकारी ने विद्यार्थियों से यह पूछते हुए प्रारंभ किया, "तो, बच्चों, तुम्हें क्या लगता है कि हमारा काम क्या है?"
पिया के एक सहपाठी ने यह कहकर जवाब देते हुए
कहा.. आप डॉक्टर हो।
अधिकारी ने उन्हें प्यार से समझाते हुए कहा, "आपने सही बोला, और हाँ, डॉक्टर सार्वजनिक स्वास्थ्य के लिए बहुत महत्वपूर्ण हैं।
हालाँकि, हम बड़े पैमाने पर निवारक स्वास्थ्य नामक चीज़ के लिए काम करते हैं। क्या आप जानते हैं कि वह क्या है?"

पिया के सहपाठी अस्पष्ट थे, क्योंकि उन्हें नहीं पता था कि निवारक स्वास्थ्य का क्या मतलब है। हालाँकि, पिया के पास एक उत्तर तैयार था।

हिम्मत करके उसने हाथ उठाया। और कहा, "हां, 'रोकने' का मतलब किसी चीज को होने से रोकना या टालना।

निवारक स्वास्थ्य देखभाल का मतलब यह है कि किसी को बीमार होने से पहले बचाना यानि बीमारियाँ या बीमारी को रोकने से संबंधित कुछ।"

पिया के जवाब से अधिकारी को ख़ुशी हुई। उन्होंने उसका नाम पूछा और जवाब दिया, "हां, पिया! आप बिल्कुल सही हैं।

निवारक स्वास्थ्य हस्तक्षेपों का लक्ष्य हमारे समाज में बीमारियों, बीमारियों और अन्य स्थितियों के प्रसार को धीमा करना या रोकना है। हमारे जैसे सार्वजनिक स्वास्थ्य अधिकारियों और प्रशासकों के प्रयासों की बदौलत हमारा समाज इन स्वास्थ्य खतरों से सुरक्षित है।

उन्होंने सार्वजनिक स्वास्थ्य कैसे काम करता है, इसका वर्णन करते हुए बच्चों को नोट्स बानने के लिए कहा।
"आइए यह समझने की कोशिश करें कि व्यापक पैमाने पर निवारक स्वास्थ्य को समझने के लिए संक्रामक रोग क्या हैं।
हालांकि, ध्यान रखने वाली सबसे महत्वपूर्ण बात यह है कि हमारी अपनी सुरक्षा और स्वास्थ्य दूसरों पर भी निर्भर करता है। क्या कोई समझा सकता है कैसे? पिया ने खुशी में अपना हाथ उठा लिया। अधिकारी के सवाल के जवाब में उन्होंने कहा कि हमारा स्वास्थ्य एक दूसरे पर निर्भर है क्योंकि संक्रामक बीमारियां फैल सकती हैं। अगर किसी की ऐसी स्थिति है, तो उन्हें बीमारी को फैलने से रोकने के लिए दूसरों के संपर्क में आने से बचने के लिए सावधानी बरतनी चाहिए।
ऐसे रोग जो एक व्यक्ति से दूसरे व्यक्ति में फैलते हैं, विशेष रूप से स्पर्श के माध्यम से, संक्रामक रोग कहलाते हैं। यहां तक कि सामान्य सर्दी भी एक संचारी रोग है जिसे आप किसी मित्र से पकड़ सकते हैं। इसी तरह की और भी कई बीमारियाँ हैं।

हाँ, पिया, तुम सही हो। सार्वजनिक स्वास्थ्य अधिकारी के पास विद्यार्थियों के लिए एक और प्रश्न था, उन्होंने ने पूछा की "क्या कोई मुझे बता सकता है कि ऐसे कौन से तरीके हैं जिनसे हम इस बात का ध्यान रख सकते हैं कि एक दूसरे में संक्रामक रोग न फैलें?"

इस बार गीतू उत्तर के साथ तैयार थी। हाँ, उसने हाथ उठाते हुए कहा। यदि हमें सामान्य सर्दी है, तो हमें कीटाणुओं और विषाणुओं के प्रसार को रोकने के लिए मास्क का उपयोग करना चाहिए। जब तक हम बेहतर महसूस नहीं करते तब तक हम शायद अपने दोस्तों से दूर रहें।

स्वास्थ्य अधिकारी ने हंसते हुए कहा, "बिल्कुल, गीतू! क्वारंटाइन उन लोगों से खुद को अलग करने का कार्य है, जिन्हें बीमारी होने का खतरा हो सकता है। इसके अतिरिक्त, मास्क का उपयोग लार जैसे तरल पदार्थ को फैलने से रोकता है। यह प्रसार निर्भर करते हुए कई रूप ले सकता है।" रोग पर।

"क्या आप हमें विभिन्न प्रकार के प्रसार के बारे में और बता सकते हैं कि वे सार्वजनिक स्वास्थ्य को कैसे प्रभावित करते हैं?" पिया ने स्वास्थ्य अधिकारी से पूछा।

ाशक, पिया, मलेरिया और डेंगू
जैसी कुछ बीमारियाँ फैलती हैं,"
अधिकारी ने प्रतिवाद किया।

च्छर, जो भारत में बहुत प्रचलित हैं
और बड़ी संख्या में गंभीर बीमारी के
मामलों और वार्षिक मौतों के लिए
जिम्मेदार हैं। इन बीमारियों के प्रसार
को रोकने के लिए हमें उन कचरे को
टाना चाहिए जो इस तरह के पानी
को इकट्ठा कर सकते हैं, जैसे कि
ायर, खिलौने और टूटे हुए बर्तन।
स्थिर पानी के बड़े पिंडों से बचना
ाहिए क्योंकि वे मच्छरों को
आकर्षित करते हैं। यह सामूहिक
ालाई के लिए स्वच्छता बनाए रखने
ह विचार से संबंधित है।

COVID-19 एक संक्रामक बीमारी
जो हवा के माध्यम से भी फैलती
, और जैसा कि हमने पहले देखा,
ंगरोध और अच्छी व्यक्तिगत
वच्छता ऐसी बीमारियों को नियंत्रित
करने में मदद कर सकती है।

क अन्य उदाहरण चिकन पॉक्स है।
ह एक अत्यधिक संक्रामक बीमारी
जो हवाई है सीधे संपर्क या बूंदों के
रिणाम स्वरूप बुखार, चकत्ते और
खुजली होती है। वायरस को पकड़ने
ो रोकने के लिए, चिकन पॉक्स से
पीड़ित लोगों से दूर रहने की सलाह
ी जाती है, खासकर यदि आप
बिना टीकाकृत हैं।

यह मुझे आपके साथ चर्चा के लिए मेरे अंतिम विषय पर ले जाता है, जो कि टीकाकरण है। आप सभी को इसके बारे में सीखना चाहिए क्योंकि टीकाकरण विशिष्ट रोगों के लिए प्रतिरोधी आबादी के विकास में सहायता करता है। उदाहरण के लिए, बच्चों के व्यापक टीकाकरण के कारण, हम भारत में पोलियो को पूरी तरह से समाप्त करने में सक्षम हुए। टीकाकरण द्वारा रोगों के प्रति प्रतिरोधक क्षमता का निर्माण किया जाता है, और जब प्रत्येक बच्चा रोग से प्रतिरक्षित हो जाता है, तो इसे फैलाने के लिए कोई नहीं बचा है! बच्चों, आज के लिए बस इतना ही। आपकी किसी भी पूछताछ के संबंध में, मैं आपसे शीघ्र ही सुनने की आशा करता हूं। और हां, इस जानकारी का उपयोग खुद को और अपने आसपास के लोगों को सुरक्षित और स्वस्थ रखने के लिए करें।

पिया के विचार पूरे सत्र के दौरान अधिकारी के अंतिम वाक्य के साथ खुशी से गूंज रहे थे। उन्होंने बच्चों से अनुरोध किया था अपने पड़ोस पर नियंत्रण रखें और इसकी भलाई सुनिश्चित करने की कोशिश करें।

पिया सोचने लगी कि वह जिस इलाके में रहती है, उसे कैसे बेहतर बना सकती है। अपने ब्रेक को अवधारणाओं के साथ बिताने के बाद, उसने स्कूल के बाद अपने शिक्षक और गीतू के साथ उन पर चर्चा करने का निर्णय लिया।

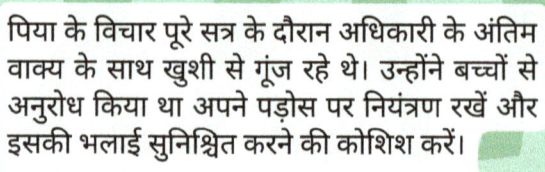

स्कूल के बाद, पिया, गीतू और उनकी अध्यापिका अपनी कक्षा में गए और पिया ने उन दोनों के साथ अपने विचारों पर चर्चा की।

उन्होंने उन्हें सूचित किया कि पिया उनके समुदाय और स्कूलों में लोक अधिकारी द्वारा बताए अनुसार कुछ परिवर्तन करना चाहती हैं।

पिया का प्रारंभिक सुझाव सार्वजनिक स्थानों जैसे बस स्टेशनों, सुपर मार्केट और यहां तक कि उनके स्कूल में मास्क डिस्पेंसर लगाने का था। उसने लोगों को निवारक स्वास्थ्य कदम उठाते समय पहनने के लिए मास्क आसानी से उपलब्ध कराने के लिए प्रोत्साहित करने के लिए ऐसा किया।

उनके पास एक और विचार था कि हर दो सप्ताह में एक नियमित पड़ोस सफाई अभियान चलाया जाए। इसके लिए पिया ने टायर, बाल्टियाँ, प्लांटर्स, खिलौने और अन्य वस्तुओं की एक सूची भी तैयार की थी जिसे हर कोई संचित पानी के लिए निरीक्षण कर सकता था। इस सामुदायिक स्वच्छता प्रयास के साथ, पिया चाहती थी कि हर कोई एक साथ आए और एक दूसरे को सुरक्षित और स्वस्थ रहने में मदद करे।

पिया का अंतिम विचार एक पैम्फलेट बनाना था जिसमें हर आयु वर्ग के लिए सभी आवश्यक टीकों को सूचीबद्ध किया गया था, जिसमें उन क्लीनिकों का विवरण भी शामिल था जहाँ लोग टीके प्राप्त कर सकते थे। मोहल्ले के हर घर को एक पैम्फलेट दिया जाएगा। इसके माध्यम से, वे यह सुनिश्चित कर सकते थे कि उनका टीकाकरण अप टू डेट हो।

स्वाभाविक रूप से, पिया के सुझावों को गीतू और उसके शिक्षक दोनों ने अच्छी तरह से स्वीकार किया। उन तीनों ने अगले" "सप्ताह के दौरान आवश्यक सामग्री तैयार की। उन्होंने डेटा इकट्ठा किया, डिजाइन तैयार किए और यहां तक कि वैक्सीन ब्रोशर भी छपवाए।

उन्होंने मास्क डिस्पेंसर के लिए एक सार्वजनिक धन उगाहने का प्रयास शुरू किया और सफलतापूर्वक पूरा किया। इसके अतिरिक्त, उनके पास दो बार साप्ताहिक सफाई अभियान के लिए बड़ी संख्या में स्वयंसेवक और साइन-अप थे।

पिया ने जिन पहलों की कल्पना की थी, वे उसके पूरे मोहल्ले में आकार ले रहे थे।

यह सुनिश्चित करने के लिए कि ये पहल बनी रहे और जारी रहे, पिया और गीतू ने आगामी सप्ताहों में अतिरिक्त सामुदायिक स्वयंसेवकों के साथ सहयोग किया। सामुदायिक व्यापक सफाई अभियान एक वार्षिक परंपरा बन गई। इसने लोगों को अपने समाज की स्वच्छता और सुंदरता में सुधार करने का अवसर प्रदान किया। मास्क डिस्पेंसर नियमित रूप से भरे गए थे। चूंकि कम बच्चे बीमार हुए, इससे स्कूल की उपस्थिति दर में भी मदद मिली। टीकाकरण पुस्तिकाओं के परिणामस्वरूप हर कोई पड़ोस के स्वास्थ्य और स्वास्थ्य के प्रति दृष्टिकोण में बदलाव देख सकता था, जो व्यक्तियों को यह निर्धारित करने में सहायता करता था कि वे कौन से टीकाकरण खो रहे थे और मान्यता प्राप्त क्लीनिकों से प्राप्त कर रहे थे।

पिया और गीतू को कुछ महीनों में प्रिंसिपल के कार्यालय में बुलाया गया।

वह दोनों ने एक दूसरे से सवाल किया कि उन्हें क्यों बुलाया गया था और साथ ही वे चिंतित और उत्साहित थे।

हालांकि, जब वे कार्यालय में गए, तो उन्हें केवल प्रसन्नता का अनुभव हुआ। वहाँ सार्वजनिक स्वास्थ्य अधिकारी खड़ा था जिसने सत्र का नेतृत्व किया, और उसने खुशी-खुशी लड़कियों का स्वागत किया। "आपके अद्भुत प्रयासों के लिए बधाई, आप दोनों," उन्होंने कहा। समुदाय मुझे सैकड़ों ग्रंथों में बता रहा है कि आपने कितना बड़ा बदलाव किया है। महान काम!"

लड़कियों ने उन्हें बताया कि उनके शिक्षक ने उन्हें प्रेरित किया और इन अवधारणाओं को वास्तविकता बनाने में सहायता की।

इसके अतिरिक्त, गीतू ने अधिकारी को समझाया कि कैसे पिया ने अपने दम पर इन अवधारणाओं को विकसित किया था।

अधिकारी उनके सहयोग से इतने खुश हुए कि उन्होंने पिया और गीतू के साथ आने वाले कुछ हफ्तों तक काम करने का अनुरोध किया।

हाँ," पिया ने जवाब दिया। केवल अगर आप हमें जल्द ही एक और सेमिनार देंगे!"

Books Also Available In English

www.ingramcontent.com/pod-product-compliance
Lightning Source LLC
LaVergne TN
LVHW061525070526
838199LV00009B/382
9789358192285